(Conserver la couverture)
8° Q Pièce 1464

AF542696

CONFÉRENCE

DES

SOCIÉTÉS SAVANTES, LITTÉRAIRES & ARTISTIQUES

DE SEINE-ET-OISE

DÉPOT LÉGAL
Seine & Oise
№ 261
1903

BIBLIOTHÈQUE NATIONALE
R.F.
IMPRIMÉS

BIBLIOGRAPHIE

Des Cartes et des Documents cartographiques

Par M. Edgar MAREUSE
Secrétaire général de la Commission des Inscriptions parisiennes.

VERSAILLES
IMPRIMERIE AUBERT
6, Avenue de-Sceaux, 6

MDCCCCIII

Pièce
8° Q
1464

BIBLIOGRAPHIE

DES

CARTES ET DES DOCUMENTS CARTOGRAPHIQUES

Il a paru intéressant de présenter à la réunion des Sociétés savantes de notre département un inventaire bibliographique de ce qui a été publié sur la région qui nous occupe.

La CARTOGRAPHIE ne pouvait être omise, et la Commission d'organisation m'a chargé de ce travail. Si l'énumération des travaux géographiques dont je vais vous donner lecture est un peu aride, vous me le pardonnerez en réfléchissant que je ne pouvais éviter cet écueil. Je m'efforcerai d'être aussi bref que possible.

La carte qui me paraît la plus ancienne est une gravure sur bois publiée par OLIVIER TRUSCHET, vers 1560, dont M. Gabriel Marcel, conservateur des Cartes à la Bibliothèque Nationale, a donné communication à la Société de l'Histoire de Paris dans sa séance du 13 mai dernier; elle est intitulée: *Description de la haulte et basse Picardye;* elle s'étend jusqu'à l'Ile-de-France, et c'est à ce titre que je crois devoir la mentionner ici. On y voit figurer le cours de la Seine, de la Marne, de l'Essonne et de l'Eure, et les localités importantes : Argenteuil, Saint-Germain, Poissy, Saint-Clou (*sic*), Neaufle, Houdan, Palaiseau, Montlhéry, Estampes, Milly, Escouan, Lusarche, Beaumont, Pontoyse, l'Isle-Adam, etc. Versailles n'y est pas encore indiqué.

C'est seulement à la fin du XVIe siècle que l'on voit apparaître les premières cartes spéciales à notre contrée : le siège de Paris en 1590 a dû être le motif de leur publication. Plusieurs indiquent en effet l'emplacement des armées belligérantes. Je serais toutefois fort embarrassé pour désigner la première en date de ces images plus ou moins grossières.

L'Isle de France et lieux circovoysins est une estampe de 33 centimètres sur 41 1/2; on y voit les armes de France et de Navarre surmontées de la couronne royale. Cette carte est limitée : au nord, par Evreux, Saint-Leu-de-Serans (*sic*) et Soissons; à l'est, par la Ferté-sous-Jouarre; à l'ouest, par Dreux, où campe l'armée du roi de France et de Navarre; enfin au sud, par Chartres assiégé, Moner-Ville (*sic*) et Melun. Elle est évidemment d'origine étrangère; Neaufleeh pour Neaufle semble en effet l'indiquer. Au centre, Paris est représenté d'une manière assez informe et se compose de quelques monuments qui n'ont pas le moindre caractère; Versailles se trouve bien à sa place et se compose d'un clocher et d'une tour, l'église et le château primitif sans doute. Les localités ne sont pas toujours exactement placées : Montmorency est situé sur l'Oise, dans le voisinage de Beaumont. Six canons se trouvent près de Montfaucon, et sont emmenés dans la direction de Soissons. Telle quelle est cependant, cette image pouvait permettre aux étrangers de suivre les mouvements militaires aux environs de Paris.

Une autre estampe de la même époque, représentant à peu près la même étendue de pays, est d'un format plus petit, mais elle est mieux dessinée; on y a mis moins de localités, et on a eu soin de représenter les armées en présence : l'armée royale traverse la Seine et se dirige vers Mantes; celle du duc de Parme fait le siège de Corbeil et de Lagny. Le titre, en français et en allemand, est ainsi conçu : *Descriptio de la ville de Paris avecq les Villes, Citéz et Villages Circonvoisins.* Le clocher de Versailles n'est pas indiqué; il est remplacé par un arbre.

Le plan de Pigafetta, de 40 centimètres sur 55, est très connu, bien que fort rare. Il a été décrit par M. Alfred Franklin dans le tome II des *Mémoires de la Société de l'Histoire de Paris et de l'Ile-de-France*, à la suite de l'excellente traduction que notre confrère M. Dufour a donnée de la relation du siège de Paris par cet Italien. Je n'y reviendrai donc pas ici; qu'il me suffise de dire que, pour figurer une grande étendue de pays, l'auteur, Natal Bonifacio de Sebenicco, un Romain, a placé les localités d'une façon tout à fait disproportionnée pour y faire entrer tout le cours de la Seine, de Nogent au Havre. Aucune indication à tirer de ce plan pour la région qui nous intéresse.

Dans un premier ouvrage publié en 1585, *Galliæ tabulæ geographicæ*, édité à Duysbourg, dont sa famille était originaire, Mercator publiait une carte intitulée : *France, Picardie, Champaigne, cum regionis adiacentibus*, de 36 centimètres sur 40. Il y a pas mal de noms de localités; Montmorency et un étang se trouvent toutefois, comme dans celle dont j'ai parlé tout à l'heure, dans le voisinage de Beaumont. On retrouve cette même carte dans son *Atlas sive cosmographicæ meditationes de fabrica mundi et fabricati figura*, publié à Amsterdam en 1607, à côté d'une autre dont je vais parler.

Plus intéressante est la carte de Jean Le Clerc, graveur parisien, qui a publié, de 1596 à 1612, une carte de France en neuf feuilles, dessinée par François de la Guillotière, de Bourges; elle a été présentée au jeune roi Louis XIII en 1612. La feuille qui nous occupe est datée de 1598; le titre est ainsi conçu : *L'Isle de France. Parisiensis agri descriptio.* Ce titre est inscrit sur un cartouche portant les armes de France surmontées de la couronne royale. Elle a une surface de 34 centimètres sur 45 1/2, et représente la région au $\frac{1}{120000}$ environ. Elle s'étend de Senlis à Meudon et Fontenay-aux-Roses, et de Pontoise à Meaux. L'étang de Montmorency est représenté d'une façon tout à fait fantaisiste. La forêt de Saint-Germain est figurée par une cinquantaine de piquets surmontés de capuchons, qui donnent plutôt l'idée d'un carré de choux que d'un terrain boisé. Elle a été reproduite dans le *Theatrum orbis terrarum*, publié par Ortelius, en 1603, et dans l'*Atlas ou Méditations cosmographiques de la fabrique du monde et figure d'iceluy*, de Gérard Mercator, publié en 1613.

Ortelius, dans son *Epitome du Théâtre de l'Univers*, avait donné une autre carte intitulée : *L'Isle de France, Franciæ insula*. Elle a 55 centimètres sur 120, et est limitée : à l'ouest, par le cours de la Seine et de l'Oise; au nord, par celui de la Nonette, et au sud, par celui de la Marne.

En 1617, Jean Le Clerc publiait une nouvelle carte intitulée : *Carte du Gouvernement de l'Ile de France*, à peu près dans les mêmes dimensions (32 centimètres sur 49); l'échelle est plus petite, ce qui permet d'embrasser une plus grande étendue de pays, de Gournay-en-Bray à Melun, et de Dourdan à Chauny. Tandis que la précédente était orientée comme les cartes actuelles, celle-ci offre cette particularité que l'est se trouve en bas. Elle est assez soignée, et toutes les localités de notre région sont à leur place; les cours d'eau sont bien indiqués et les méandres de la Seine et de l'Oise sont tracés avec soin. Le dessin est de Damien de Templeux, écuyer, sieur de Frestoy, et la gravure de H. Picart.

Six ans plus tard, en 1623, Pierre Brussart dressait une carte manuscrite de l'*Isle de France et Champaigne*. Elle mesure 1m,18 dans chaque sens et est limitée : à l'ouest, par le cours de l'Oise; au nord, par celui de la Meuse; à l'est, par une ligne allant de Verdun à Bar-sur-Seine, et au sud, par le cours de la Meuse. Les bois sont nettement indiqués ainsi que la plupart des localités de notre région: c'est un travail réellement bien fait pour cette époque. Elle est aujourd'hui à la section des Cartes de la Bibliothèque Nationale.

Je passe maintenant à une pièce fort rare, dont notre confrère M. de Nolhac a eu l'occasion de parler dans son ouvrage sur la *Création de Versailles* (1). Il s'agit de la *Nouvelle description du territoire et banlieuee de la ville, citté et universités de Paris*, par Jean Boisseau. Celui-

(1) Pierre de Nolhac, *La Création de Versailles, d'après les sources inédites*. Versailles, librairie L. Bernard, 1901, page 19 et note.

ci, qui s'intitulait enlumineur du Roi, a publié plusieurs documents topographiques. Malheureusement, celui qui nous occupe n'est pas daté. M. de Nolhac croit devoir lui attribuer la date de 1643, année où le même auteur publiait son *Itinerere de la ville de Paris.* Je crois qu'il faut retarder la publication de quelques années; en premier lieu, parce qu'il est probable que la carte a été dressée en vue de suivre le mouvement des armées pendant les troubles de la Fronde, puis parce que l'adresse qui figure sur le plan n'est pas, comme dans l'*Itinerere,* « dans l'isle du Palais, à la fontaine royale de Iouvence », mais « sur le pont au Change à Paris ». C'est la même adresse que celle qui se trouve sur les plans de Paris vendus en 1650, sans toutefois dépasser l'année 1651, comme nous le verrons tout à l'heure. La maison du libraire est peut-être la même, mais la différence de désignation me paraît être une preuve de différence dans l'époque de la publication. De 40 centimètres sur 52, le champ de cette carte est assez restreint, et s'étend de Saint-Denis à Antony, d'une part, et de Bailly à Nogent-sur-Marne, de l'autre. A l'échelle du $\frac{1}{90000}$ environ, elle donne sur les localités de notre région des renseignements qui ne manquent pas d'intérêt. Versailles forme un groupe de maisons assez important. Ursine, dans le bois de Meudon, semble beaucoup plus important que Velizy, qui devait remplacer cette paroisse vingt-cinq ans plus tard, après un violent incendie. Le bois du Vésinet est appelé *bois de la Trahison.* C'est là, on le sait, que, selon la tradition, Ganelon et ses complices signèrent un pacte pour livrer Roland et préparer la journée de Roncevaux. Les coupables auraient été, par ordre de Charlemagne, brûlés sur place (1).

En 1651, le même Boisseau publiait une carte de l'élection de Paris assez soignée; en haut, à gauche, un cartouche contenant l'inscription suivante : *Description générale de l'élection de Paris contenant les chastellenies de St-Marcel, St-Denis et St-Maur, d'Argenteuil, Montmorency, Gonnesse, Chelles, Lagny, Villeneuve, St-Cloud, Poissy, Mon le Héry, Corbeuil et Brie Comte Robert.* A droite, sont les armes royales, et en bas, à gauche, sous une rose des vents, l'adresse de Boisseau. L'adresse ancienne, « sur le pont au Change », a été effacée sur la planche, et on a ajouté : « à présent devant le cheval de Bronze, 1651 ». L'enlumineur du Roi venait donc d'émigrer tout nouvellement sur le Pont Neuf. Les limites de l'élection et des châtellenies sont très nettement indiquées et présentent des renseignements pré-

(1) Une nouvelle édition de ce plan a été publiée chez Jollain, vers 1665; un exemplaire, provenant de la collection du ministre Choiseul, figurait dans le catalogue d'estampes d'un libraire parisien, au mois de février dernier.

cieux au point de vue de la juridiction. La carte a 41 centimètres sur 55.

Vers la même époque, en 1655, paraît à la fois à Francfort et à Amsterdam la *Topographie* de ZEILER; elle contient la carte du *diocèse, prevosté et eslection de Paris*. C'est une réduction (27 cent. 1/2 sur 37) de la précédente; on y a indiqué, par une série de pointillés, les subdivisions de chaque diocèse, ce qui rend l'ensemble un peu confus.

La *Carte des Abbayes, prieurés et autres bénéfices de l'ordre des chanoines réguliers en la province ou archevesché de Paris, Chartres, Orléans et Meaux*, publiée par P. DU VAL, géographe ordinaire du Roy, en 1663, est beaucoup plus claire, mais les noms indiqués sont moins nombreux. Néanmoins, on y trouve la plupart des abbayes, prieurés, cures et chapelles. Cette carte mesure 37 centimètres sur 48 et s'étend de Marly-la-Ville à Orléans, et de Chartres à Meaux.

Nous arrivons au premier grand plan géométral qui existe. En 1678, l'Académie des Sciences fait graver par J. DE LA POINTE la *Carte particulière des environs de Paris*. Bonnardot (1) pense qu'elle a été dressée par JOUVIN DE ROCHEFORT. La chose est assez vraisemblable, car cet auteur paraît être le seul qui fût capable d'exécuter à cette époque un travail de cette nature; de plus, ayant eu l'occasion de voir des plans manuscrits de Jouvin de Rochefort, j'ai cru y reconnaître sa main. Elle comprend un espace d'un rayon de 18 lieues, et s'étend : au nord, jusqu'à Ivry-le-Temple et Mouy; à l'est, jusqu'à la Ferté-sous-Jouarre et Coulommiers; au sud, jusqu'à Maisse et Fontainebleau, et à l'ouest, jusqu'à la forêt des Yvelines, Mantes et la Roche-Guyon. Orientée comme nos cartes actuelles, la carte de l'Académie des Sciences se compose de neuf feuilles qui, réunies, forment un ensemble de 1m,26 sur 1m,37. Sur la première feuille se trouve un cartouche surmonté des armes royales et contenant le titre; sur la troisième feuille, un autre cartouche contient l'échelle de la carte; il est surmonté d'un médaillon représentant le vaisseau de la ville de Paris avec l'inscription : *Felicitas populi, 1678*. Deux autres cartouches, l'un sur la feuille 7 et l'autre sur la feuille 9, donnent l'*explication des marques*, la date de la carte, 1674, le nom du graveur, etc., etc. Cette carte est le premier travail réellement exact qui ait été dressé : la topographie est nettement indiquée; les localités sont tracées selon leur importance; les jours de marché sont mentionnés; on y voit même les hameaux, fermes, moulins, etc.; mais on regrette de n'y trouver

(1) *Etudes archéologiques sur les anciens plans de Paris aux* XVIe, XVIIe *et* XVIIIe *siècles*, Paris, Dumoulin, 1851, page 149.

aucune route. Combien il eût été curieux de connaître le tracé, à cette échelle, de tous les chemins de la banlieue parisienne, il y a deux cent vingt-cinq ans! Nous sommes obligés, pour cela, d'attendre l'apparition de la carte de CASSINI, qui ne viendra que cinquante ans plus tard. Quoi qu'il en soit, ce document est à la portée de tous, car il se trouve à la Chalcographie du Louvre, où chacun peut se le procurer pour 12 francs.

En 1676, nous voyons, sur le plan de Paris, en douze feuilles, dressé par BULLET et BLONDEL, un tracé des environs, de 30 centimètres sur 43. Il est sur la douzième feuille, sur une draperie soutenue par des amours. Les principales routes sont indiquées, et plan et ornements sont assez bien dessinés. Il s'étend de Poissy à Lagny, et de Goussainville à Longjumeau.

Un autre plan de Paris, de 1675, en neuf feuilles, par JOUVIN DE ROCHEFORT, contient également un plan des environs, de 35 centimètres 1/2 sur 38 1/2. Assez soigné, il donne les principales routes et ne manque pas d'intérêt.

Ce n'est que pour mémoire que je parlerai d'un mauvais plan des environs de Paris, de 18 centimètres sur 27, publié par NICOL. PERSON, en 1691. Il ne dépasse pas, du reste, les environs immédiats de Paris, et ne va pas plus loin, du côté de l'ouest, que Versailles, et, du côté de l'est, que Gournay-sur-Marne.

Plus intéressant est un petit plan de 14 centimètres sur 18, publié par NICOLAS DE FER en 1692. Nous allons revoir plusieurs fois le nom de ce géographe, qui a dû se servir des travaux de Jouvin de Rochefort, mort en 1701, puisque, dans la première partie du XVIIIe siècle, il a continué à éditer ses cartes.

En 1692, le géographe SANSON fait paraître chez l'éditeur HUBERT JAILLOT l'ouvrage suivant : *Atlas nouveau, contenant toutes les parties du monde, où sont exactement remarqués les empires, monarchies, royaumes, états, républiques et peuples qui s'y trouvent à présent.* Les feuilles 25 et 26 sont consacrées au *Gouvernement général de l'Ile-de-France ou généralité de Paris divisée en ses eslections.* La première feuille, celle qui présente pour nous le plus d'intérêt, a une dimension de 42 centimètres sur 65; elle va, d'une part, de la Fère à Malesherbes, et de l'autre, de Pont-de-l'Arche à Châlons-sur-Marne. Elle est très intéressante au point de vue des divisions territoriales.

Deux ans plus tôt avait paru à Rome une carte assez bien gravée et intitulée : *Governo Generale dell' Isola di Francia, il Vessino Francse il Bovese o Beauvaisis, il Noyonese, il Soissonese, la Codi Senlis, il Valesio o Valois, il Laonese, parte della Bria, l'Huropoese o Hurepoix, et il Gastinoese o Gastinois,* descritto da GIACOMO CANTELLI DE VIGNOLA, Geografo dell Sermo Sige Duca di Modena et data in luce da Domenico de Rossi crede di Gio. Gine de Rossi dalle sue stampe in Roma alla pace con Privil. del Som. Pont. a licenza de Sup. l'Anno 1690, il di 30 Agosto.

All. Illmo e Rev^{mo} Sig^{o} Monsign^{o} Matteo Isore d'Hervo, del Consiglio segreto di sua Maesta Xena, et Auditore dell' Regno di Francia nella sagra Rota di Roma.

Cette planche, de 57 centimètres sur 45, représente le territoire compris entre Noyon et Cosne, Dreux et Epernay.

C'est également vers cette époque — mais sa carte n'est pas datée — que DE WITT publiait, à Amsterdam, le *Gouvernement général de l'Isle de-France, où sont la France, le Valois, Soissonnois, le Beauvaisis, Laonnois, la Brie Françoise, l'Hurepoix, Noyonnois et les Comtés de Senlis et de Dreux avec une partie du Gastinois, lesquelles provinces sont divisez en XVIII Elections.* Ce titre est inscrit sur un cartouche où se trouve un ange portant les armes de France surmontées de la couronne royale. A droite du cartouche est une Diane chasseresse; au-dessous, un personnage, qui semble représenter la Seine, tient une urne d'où s'écoule de l'eau. Cette carte mesure 51 centimètres sur 60 et embrasse à peu près le même pays que la précédente.

En 1698, NOLIN, « géographe ordinaire du Roy et de Son A. R. Monsieur », publiait une nouvelle carte : *Les Environs de Paris, où sont la prévosté, vicomté, et le présidial de Paris divisé en ses dix balliages et Châtellenies, nomées vulgairement Filles du Châtelet. Le Présidial de Meaux divisé en ses balliages, avec le Balliage de Coulommiers, indépendant du Présidial de Meaux, etc. La province de l'Isle de France, et partie des provinces de Picardie, de Brie, de Champagne, du Gastinois, de la Beauce et de la Normandie, divisées en plusieurs Pays, dressez sur les mémoires du Sr Tillemon.....* A Paris, chez A.-B. Nolin, sur le Quay de l'Horloge du Palais, à l'Enseigne de la Place des Victoires, vers le Pont-Neuf, avec Privilège du Roy, 1698.

Ce titre se trouve en haut de la carte, à gauche, dans un grand cartouche ovale soutenu par quatre personnages allégoriques : la Justice, la Prudence, l'Architecture et la Science. Une série de signes du zodiaque surmonte ce cartouche. La carte se compose de quatre feuilles de 42 centimètres sur 53 et s'étend de Compiègne à Maisse et de Vernon à Château-Thierry. Une table alphabétique donnant le nom des principales localités qui s'y trouvent y est jointe (1).

Très intéressante au point de vue des divisions judiciaires, on peut la comparer avec la carte dressée l'année dernière par notre confrère M. COÜARD et intitulée :

(1) Bibl. de Corbeil, 1622 [1999]. Recueil.

Villes, Bourgs, Paroisses et Annexes dont les territoires ont formé, en 1790, le Département de la Seine et de l'Oise répartis suivant les Bailliages royaux auxquels ces localités ressortissaient en 1789, à la date de la convocation aux Etats-Généraux.

Nous arrivons maintenant au commencement du XVIIIe siècle. Je n'entreprendrai pas de vous faire l'énumération de toutes les cartes de l'Ile-de France qui ont été publiées pendant le cours de ce siècle, ni celles du département de Seine-et-Oise pendant celui qui l'a suivi; j'en aurais pour plus d'une heure. Je me bornerai à signaler les documents importants, et ceux qui peuvent offrir de l'intérêt pour le topographe et l'historien.

Au commencement du XVIIIe siècle, nous voyons apparaître plusieurs cartes de N. DE FER; une carte de GÉRARD MERCATOR, extraite de l'Atlas de BLAEU; *La Prévosté et l'eslection de Paris*, par HUBERT JAILLOT; la *Carte de la prévosté et de la vicomté de Paris*, par DELISLE, premier géographe du Roy. Je m'arrête à 1722, année où paraît pour la première fois une carte de l'archevêché de Paris, avec ses divisions religieuses. Le titre est ainsi conçu : *L'Archevêché de Paris, divisé en ses trois Archidiaconez et en ses deux Archipretrez et sept Doyennez dressée et mise au jour par ordre de son Eminence Monseigneur le Cardinal de Noailles*, par N. DE FER. Ce titre est inscrit dans un cartouche orné de deux figures allégoriques, la Foi et la Religion; au centre se trouvent les armes de France et d'Espagne et celles du cardinal de Noailles. La carte se vendait chez Danet, gendre de l'auteur. Les divisions religieuses sont connues, je n'y reviendrai pas, mais il est intéressant de voir qu'elles étaient au commencement du XVIIIe siècle les mêmes que plus tard, au moment de la Révolution.

Je crois devoir rappeler, à propos des subdivisions de l'Ile-de-France, que la banlieue de Paris était soumise à la juridiction de la ville au point de vue civil. Mais il ne faut pas confondre la banlieue civile et la banlieue ecclésiastique, qui, comme nous dit l'abbé Lebeuf (1), « formait deux classes, sçavoir : celles de l'Archiprêtré de Paris, et celles de l'Archiprêtré de S.-Séverin. Les Cures de l'Archiprêtré de Paris sont toutes dans la Cité, ou dans le quartier dit la Ville, et dans le dehors au rivage droit de la Seine, et les Cures de l'Archiprêtré de S.-Séverin sont toutes comme l'église principale de l'Archiprêtré au rivage gauche de la Seine, tant dans le quartier appellé l'Université qu'au dehors ». Lebeuf établit que cette division n'avait pas varié depuis le XIIIe siècle. Elle s'étendait à peu près jusqu'aux fortifications actuelles, et comprenait en outre Clichy, Villiers, Neuilly et Boulogne.

(1) Edition Augier et Bournon, Paris, 1883, t. Ier, page 381.

La banlieue civile était plus étendue et allait de Saint-Denis à Chevilly, et de Boulogne à Montreuil. C'était à peu près notre département de la Seine, en y joignant la presqu'île de Gennevilliers et une bande de territoire s'étendant entre Vincennes et les bords de la Marne, qui n'en faisaient pas partie.

César-François Cassini était né le 17 juin 1714, dans la terre de Thury (Oise), qui appartenait à son père, membre de l'Académie des Sciences. Adjoint à La Caille pour rectifier la longueur de la méridienne de Paris, il publia le résultat de son travail en 1744, et y joignit une carte de la triangulation de la France. C'est à l'aide de ce travail qu'il entreprit la carte de France, à l'échelle d'une ligne pour 100 toises (soit au $\frac{1}{864000}$), qui ne demanda pas, pour être achevée, moins de quarante-cinq ans de travail. Commencée en 1744, elle a été achevée par son fils, cinq ans après sa mort, en 1789. Elle comprend cent quatre-vingt-deux feuilles de 55 centimètres sur 88. Sur ce nombre, cinq concernent notre région; ce sont les feuilles 1 : Paris, Pontoise, Corbeil, Versailles ; 2 : Beaumont-sur-Oise, Beauvais, Clermont; 7 : Melun, Etampes; 25 : Rouen, Magny, la Roche-Guyon ; 26 : Evreux, Mantes, Dreux. La carte de Cassini est assez connue pour que je ne m'y arrête pas; qu'il me suffise de rappeler avec quelle précision a été figurée la topographie de nos régions ; les fleuves, les ruisseaux, les bois, les villes sont indiqués avec le plus grand soin ; les routes carrossables ont été tracées, et il n'y en avait pas beaucoup au milieu du XVIIIe siècle.

En 1740, l'abbé Delagrive publiait sa *Carte des environs de Paris*, en neuf feuilles de 86 centimètres sur 60. Gravée par l'auteur et par Cl.-Ch. Riolet, elle est à une très grande échelle (environ le $\frac{1}{60000}$), et s'étend de Montmorency à Palaiseau, et de Chambourcy à Chelles. Elle est très détaillée et des plus intéressantes; tout le monde peut se la procurer à la Chalcographie du Louvre, pour la somme de 36 francs.

J'aurais à citer encore les cartes de Lerouge, de Robert et de Robert de Vaugondy. Bien que ces géographes fussent des hommes de valeur, leurs cartes n'offrent rien de particulier à signaler, et généralement ils se sont servis des travaux de leurs devanciers; mentionnons également les cartes de Denis sur les *élections du Royaume* qui donnent les mêmes divisions que les cartes de N. de Fer, antérieures de cinquante ans.

Vers la même époque (1760 environ, car aucun de ces plans n'est daté), le même Denis publiait, avec Berthault, un petit volume in-12, intitulé: *L'Archevêché de Paris divisé en ses 3 Archidiaconés et ses 2 Ar-*

chiprêtrés, et subdivisé en ses 7 Doyennés Ruraux. Ce volume, dédié au clergé du diocèse, donnait, sous un format commode et à une assez grande échelle, les localités de notre région, ainsi que les divisions religieuses; des tables faites avec soin facilitaient les recherches.

La mode était du reste aux formats minuscules, et LATTRÉ ne tardait pas à publier son *Atlas topographique des environs de Paris;* il le dédiait et le présentait au Roi. Il se composait de vingt-quatre feuilles de 9 cent. 1/2 sur 8 1/2; le champ s'étendait de Maffliers à Corbeil et de Neaufle à Meaux. En 1762 (celle-ci est datée), DENIS publiait avec PASQUIER la *Géographie des Dames, ou Almanach géographique-historique;* les vingt-neuf premières cartes sont consacrées aux divers pays du monde et les vingt-quatre autres aux environs de Paris. Le champ et les dimensions sont à peu près les mêmes que dans l'atlas de Lattré. En tête se trouve un calendrier donnant la table des fêtes mobiles de 1762 à 1773.

En 1766, paraissait l'*Atlas chorographique, historique et portatif des élections du Royaume,* par DESNOS et l'abbé RÉGLEY. Cet atlas comprend les cartes des vingt-deux élections dont se composait la généralité; elles mesurent 22 centimètres sur 24. On y avait joint la carte de la généralité et un plan de la capitale. Un texte descriptif de chaque élection et une table générale des matières accompagnent le volume.

Deux ans plus tôt, en 1764, BERTHIER, colonel des ingénieurs-géographes, commençait le beau travail que l'on désigne encore aujourd'hui sous le nom de *Carte des chasses.* En voici le titre exact : *Carte topographique des environs de Versailles, dite des chasses impériales, levée et dressée de 1764 à 1773 par les ingénieurs géographes des corps et armées commandés par feu M. Berthier, colonel, leur chef, terminée en 1807 par ordre de Napoléon, empereur des Français, roi d'Italie et protecteur de la Confédération du Rhin, pendant le ministère de S. A. S. M. le maréchal Alexandre Berthier, prince de Neuchâtel, grand veneur, grand-aigle de la Légion d'honneur, etc., sous la direction du général de division Sanson, au Dépôt général de la Guerre.*

M. Gabriel Marcel, conservateur des Cartes à la Bibliothèque Nationale, a décrit cette carte et en a fait l'histoire dans la *Revue de Géographie* (1); c'est à lui que j'emprunte les renseignements qui suivent. Commencée en 1764, sous la direction de BERTHIER père, ingénieur-géographe, elle a été interrompue en 1784 et n'a été reprise qu'en 1801, par ALEXANDRE BERTHIER, prince de Neuchâtel et Wagram, qui put mettre, en 1807, la dernière main à l'œuvre de son père. Elle se com-

(1) T. XLI, 1897, 2e semestre.

pose du titre, d'un tableau d'assemblage et de douze feuilles de 44 centimètres sur 77 ; elle est à l'échelle du $\frac{1}{28000}$ environ. Elle s'étend de Gonesse à Rochefort, et de Septeuil à Noisy-le-Grand.

Guillaume Delahaye, graveur, y travailla avec plusieurs de ses élèves ; en outre, nous savons, par une conférence faite, le 3 février 1899, à la Société des Sciences morales de Seine-et-Oise, par M. Thierry de Maugras, qu'un nommé Jean Hervet, de Versailles, attaché au Dépôt de la Guerre, a pris une part considérable au levé de cette carte qui donne l'état exact de notre région à la fin du xviiie siècle. Les moindres hameaux y sont marqués, et ce monument topographique, qui est en même temps un chef-d'œuvre de gravure, nous renseigne absolument sur les plus petits détails. La Préfecture de la Seine, considérant l'importance de la carte, en fait reproduire des extraits qu'elle annexe à la monographie de chaque commune du département. Il est assez difficile de se la procurer complète, bien que les cuivres existent encore au Dépôt de la Guerre.

La carte des chasses du Roi a demandé trente-cinq ans pour être achevée ; mais à part le tracé du canal de l'Ourcq et le plan de la ville de Paris qui y ont été ajoutés après coup, nous sommes en présence de l'état de notre région à l'aube de la Révolution française. Il eût été désirable de voir figurer sur cette carte les divisions nécessitées par l'organisation des assemblées provinciales ; nous savons, en effet, que l'Ile-de-France a été divisée, en 1787, en douze départements : ceux de Saint-Germain, Corbeil, Beauvais, Senlis, Dreux, Meaux, Rozoy, Melun, Montereau, Sens et Joigny. Le siège de l'assemblée était à Melun (1).

Notre confrère M. Bournon, dans un travail publié dans la *Correspondance historique et archéologique* (2), reproduit, en 1901, dans le *Bulletin de la Société historique et archéologique de Corbeil, d'Etampes et du Hurepoix*, a fait une étude complète de ces divisions, du moins pour les deux départements de Saint-Germain et de Corbeil, ceux qui nous intéressent tout particulièrement ; mais j'aurais aimé à voir figurer sur des cartes de cette époque ces divisions éphémères, qui allaient durer tout au plus vingt-cinq mois. En effet, le 27 janvier 1790, en vertu d'un décret de l'Assemblée nationale, le département de Seine-et-Oise était créé.

M. Coüard, dans une note de son travail sur *les Bailliages royaux*

(1) Procès-verbal des séances de l'Assemblée provinciale de l'Isle de France, tenues à Melun, en novembre et décembre 1787, *Sens et Paris*, 1788, in-4°.

(2) Année 1899, pages 258 et 298.

en 1789 (1), étudie les diverses transformations qu'a subies le nom de notre département, appelé successivement de la *Seine et de l'Oise*, de la *Seine et d'Oise*, puis enfin de *Seine-et-Oise*.

Les cartes qui donnent les nouvelles divisions ne manquent pas : j'en trouve une, sans date et sans nom d'éditeur, qui doit dater de 1790. En haut, à droite, est un cartouche surmonté d'un soleil où se trouve inscrit : « la Nation, la Loi et le Roi » ; au pied, la Bastille, qu'on est en train de démolir. Plus bas, un génie ailé, représentant la Loi, frappe sur une tablette avec un ciseau ; au-dessous sont des faisceaux de drapeaux. Le titre est ainsi conçu : *Environs de Paris et département de Seine et l'Oise, etc., subdivisés en districts et cantons conformément aux décrets de l'Assemblée Nationale.*

En 1791, nous trouvons une carte du département dressée par Delahaye; puis, plus tard, une autre carte de Poirson. Mais celle qui paraît la plus complète fait partie de l'*Atlas national de France*, de Chanlaire. Nous y voyons que le département était divisé en 9 districts et 59 cantons. Les sièges des neuf districts se trouvaient à Mantes, Pontoise, Gonesse, Corbeil, Etampes, Dourdan, Montfort, Saint-Germain et Versailles.

Les administrations de districts furent supprimées par la Constitution de l'an III, et la loi du 28 pluviôse an VIII établit la division actuelle par arrondissements.

En février 1790, les députés du département présentèrent au Comité de Constitution la carte officielle; elle est intitulée : *Département de Versailles, divisé en neuf districts et cinquante-neuf cantons conformément au décret de l'Assemblée Nationale du 27 janvier 1790;* cette carte est aujourd'hui aux Archives départementales (2).

La plupart des cartes du commencement du siècle dernier mentionnant les nouvelles divisions, je me garderai de les énumérer toutes.

Je ne puis cependant passer sous silence le magnifique travail de Dom Coutans, publié chez Picquet, en 1800. En voici le titre : *Atlas topographique en* XVI *feuilles des environs de Paris à la distance d'environ 8 Myriamètres ou 18 lieues dans sa moyenne Etendue, dressé sur une échelle de 31 Millimètres pour 2 Kilomètres, 4 Lieues pour 300 Toises, par Dom G. Coutans, Ex-Bénédictin. Revu, corrigé et considérablement augmenté d'après nombre de Cartes précieuses et Plans particuliers tant Gravés que Manuscrits, par Charles Picquet, Géographe Graveur, Dédié et Présenté au 1er Consul Bonaparte.* — A Paris, chez

(1) Versailles, Cerf, 1901, in-4°, page 8.

(2) LI m.

Picquet, etc., et chez Deterville, année 1800. Dom Coutans avait fait paraître un certain nombre de feuilles avant la Révolution, mais ses ressources pécuniaires ayant été anéanties par les événements politiques, il était mort sans avoir achevé son œuvre. Picquet racheta ses cuivres, y fit des corrections, et publia la carte complète, à laquelle il a joint un dictionnaire des localités, précédé d'une notice sur la carte. Elle s'étend de Creil à Etampes, et de Pacy-sur-Eure à Château-Thierry.

Parmi les cartes que la première moitié du XIXe siècle a vu paraître, je citerai celle de Brué, dressée en 1825, d'après la carte des Chasses, et sur les cuivres de laquelle on tirait encore il y a quarante ans; celle de Maire, publiée aussi à l'époque de la Restauration; puis, enfin, celle d'Alexis Donnet.

Dès 1808, Napoléon Ier avait songé à faire refaire la carte de France (1); le chevalier Bonne, colonel au corps des ingénieurs-géographes militaires, publia un mémoire détaillé sur l'œuvre à entreprendre. Le général Bacler d'Albe, directeur du Dépôt de la Guerre, et son successeur le lieutenant-général d'Ecquevilly se proposèrent, comme le colonel Bonne, d'exécuter une carte militaire, appropriée toutefois à tous les services publics. Laplace, le 17 avril 1817, présentait un rapport sur le projet, qui entraîna la création d'une commission royale. Les levés topographiques furent commencés en 1818, et la première feuille, celle de Calais, paraissait en 1831. Les cartes du département de Seine-et-Oise sont au nombre de sept : celle de Rouen, publiée en 1836 ; celle de Beauvais, en 1832 ; celle d'Evreux, en 1839 ; celle de Paris, en 1832 ; celle de Chartres, en 1839; celle de Melun, en 1832, et celle de Fontainebleau, en 1839. En même temps paraissait, à la même échelle, une carte départementale en six feuilles. Je crois inutile d'entrer dans les détails de cette belle carte, publiée à l'échelle du $\frac{1}{80000}$, qui a servi à toutes les cartes postérieures; la carte publiée par le service vicinal, au Ministère de l'Intérieur, de 1879 à 1893, est une réduction au $\frac{1}{100000}$ de celle du Dépôt de la Guerre, revue avec soin et mise au courant pour tous les renseignements administratifs. Il en est de même de celle du Ministère des Travaux publics.

Quant aux cartes publiées par les éditeurs particuliers, elles sont innombrables, et je ne pourrais les citer toutes; une quantité de ces documents a vu le jour pendant la guerre de 1870-1871, tant en France

(1) Napoléon Ney, *Histoire de la Carte d'Etat-Major*. Paris, Ch. Delagrave, 1877, page 13.

qu'en Allemagne, pour suivre les opérations militaires ; toutes avaient pour base la Carte d'Etat-Major. En 1880, le Dépôt de la Guerre publiait une carte du département de la Seine et des environs immédiats en neuf feuilles, au $\frac{1}{40000}$; et, en 1882, une autre au $\frac{1}{20000}$, en trente-six feuilles ; il existe une édition en couleurs de cette dernière, parue également en 1882.

Vers cette époque, en 1883, l'éditeur BERNARD publiait, à Versailles même, sa belle carte des environs de Versailles en quatre feuilles. L'éditeur BARRÈRE, successeur d'ANDRIVEAU-GOUJON, a entrepris, de 1893 à 1896, la publication, au $\frac{1}{5000}$, de cartes, par communes, du département, mais le canton de Sèvres et celui de Montmorency ont été seuls terminés.

En 1874, MM. FUCHS et DE LAPPARENT, ingénieurs des mines, publiaient, à l'aide des cuivres du Dépôt de la Guerre, la *Carte géologique* du département ; une nouvelle édition était dressée, en 1887, par M. GUSTAVE DOLLFUS, avec le concours de M. JACQUOT, inspecteur général des mines.

Je mentionnerai aussi les nombreuses cartes cyclistes dressées, à un point de vue tout spécial, par MM. TARIDE, NÉAL, MAUREL, JOLY, POULMAIRE, etc., etc.

En terminant, je ne puis passer sous silence la belle *Carte archéologique* du département, dressée à l'occasion de l'Exposition de 1889, par la Commission des Antiquités et des Arts, ainsi que la *Carte des Bailliages royaux en 1789*, publiée par M. COÜARD, et dont j'ai déjà dit un mot. Je laisse d'ailleurs à notre Secrétaire général, M. DUTILLEUX, le soin de nous donner quelques détails sur ces deux derniers documents.

Note de M. DUTILLEUX *sur la Carte archéologique et monumentale de Seine-et-Oise et sur la Carte des bailliages royaux en 1789.*

Messieurs,

Permettez-moi d'ajouter quelques mots, d'ailleurs très brefs, aux indications d'autre part si complètes que M. MAREUSE vient de nous communiquer au sujet des cartes anciennes concernant le territoire qui forme actuellement le département de Seine-et-Oise.

A l'Exposition universelle de 1889, la Commission des Antiquités et des Arts de Seine-et-Oise avait envoyé une *Carte archéologique du département*. La rédaction de ce travail était due en partie aux études de ses membres et surtout au patient labeur d'un de nos plus anciens collègues, M. PAUL GUÉGAN, qui, Breton d'origine, avait fait une recherche spéciale des monuments mégalithiques et des objets de l'âge de la pierre, taillée ou polie. Quant à celui qui a dessiné la carte, il n'a eu d'autre mérite que de résumer les découvertes faites avant lui et de les reporter, par des signes conventionnels, sur une carte du département à l'échelle du 80 millième.

Ces indications étaient réparties entre quatre périodes : 1° les âges préhistoriques ; 2° la période gauloise avant la conquête romaine ; 3° la période gallo-romaine ; 4° la période mérovingienne. — On allait ainsi depuis les temps les plus reculés jusqu'à l'aurore du moyen âge.

Sur cette carte, les noms des localités étaient inscrits dans la forme la plus ancienne parvenue jusqu'à nous, suivant le « Dictionnaire des anciens noms des communes de Seine-et-Oise », publié par M. HIPP. COCHERIS dans l' « Annuaire de Seine-et-Oise » pour l'année 1874. — Les routes anciennes, et en particulier les voies romaines, y étaient tracées d'après les études que, sur ma demande, le service des agents voyers, alors dirigé par M. DUBOIS, agent voyer en chef, avait bien voulu entreprendre sur différents points du département. J'avais indiqué les divisions territoriales telles qu'elles résultent des travaux de nos maîtres GUÉRARD, QUICHERAT et LONGNON, les *Villæ* royales et enfin les endroits où, dans cette région, nos premiers occupants ont battu monnaie. Je regrette que le temps m'ait fait défaut pour continuer des travaux dont l'objet est si intéressant, ni même pour consigner, comme je l'aurais voulu, les résultats des nouvelles découvertes faites depuis le moment où a été dressée cette carte manuscrite dont l'original est aux Archives départementales ; il ne serait pas, je crois, indigne des préoccupations de la Conférence des Sociétés savantes de reprendre ces études et de compléter ce que M. Guégan et moi n'avons fait qu'ébaucher. Cette carte au 80 millième a été, il est vrai, réduite par la photogravure, et un exemplaire en a été remis, il y a déjà longtemps, aux membres de la Commission des Antiquités et des Arts de Seine-et-Oise ; mais, bien que cette reproduction ait été faite avec beaucoup de soin, l'échelle en est trop réduite pour que tous les détails en soient facilement appréciables.

Un autre de nos collègues de la première heure, que nous avons perdu il y a déjà longtemps, M. MERCIER, avait reproduit, sur une carte également au 80 millième, les différentes parties des diocèses de Paris, Rouen, Beauvais, Chartres, Evreux, Sens et Senlis, qui, d'après les dispositions du Concordat de 1801, ont constitué l'évêché actuel de Versailles. Je n'ai eu qu'à réduire le tracé de cette carte, pour la faire paraître à la suite d'une étude que j'ai publiée dans l' « Annuaire de

Seine-et-Oise » de l'année 1874, sous le titre de : *Topographie ecclésiastique du département de Seine-et-Oise.*

Ainsi que l'a rappelé M. Mareuse, dans ses recherches sur la « Cartographie de Seine-et-Oise », notre savant collègue M. Coüard, archiviste du département, ne se contente pas de rédiger, sur les richesses de l'important dépôt qui lui est confié, un « Inventaire sommaire » qui rendra aux érudits les plus précieux services. Il a fait paraître, il y a peu de mois, sur « les Bailliages royaux en 1789 », un travail dans lequel sont mentionnés toutes les villes, bourgs, paroisses et annexes de notre circonscription administrative. Cette étude est accompagnée d'une carte très bien comprise qui n'est elle-même qu'une réduction d'un document tracé par M. Coüard, à une plus grande échelle, qui a figuré à l'Exposition universelle de 1900, et a valu à son auteur une récompense justement méritée. M. Coüard se propose de rédiger d'autres cartes du département qui le présenteront sous différents aspects, administratifs, militaires, religieux, etc. On aura ainsi le tableau complet des modifications successives par lesquelles a passé l'ensemble des communes dont la réunion, fort peu homogène, constitue aujourd'hui le département de Seine-et-Oise, dont, à raison même de ce défaut d'unité et d'intérêts communs, on a pu dire, non sans quelque apparence de vérité, qu'il ne représente qu'une « expression administrative ».

Enfin, je me ferais scrupule de ne point ajouter que les indications si intéressantes que vient de nous communiquer M. Mareuse ont été puisées par notre très érudit collègue dans la précieuse réunion de documents topographiques qui forment une partie importante de sa nombreuse bibliothèque, et qui ont figuré avec honneur à notre dernière Exposition universelle.

TIRAGE A PART A 100 EXEMPLAIRES

De la Conférence des Sociétés Savantes, Littéraires & Artistiques de Seine-et-Oise

Tenue à Versailles, les 14 et 15 Juin 1902.

Versailles. — Imprimerie Aubert, 6, avenue de Sceaux.

www.ingramcontent.com/pod-product-compliance
Lightning Source LLC
LaVergne TN
LVHW010019230826
846092LV00002B/896

9782019983840